L

RELATION

DES ÉVÉNEMENS

QUI ONT PRÉCÉDÉ ET SUIVI LE LICENCIEMENT

DE LA GARDE NATIONALE DE PARIS.

LE NORMANT FILS , IMPRIMEUR DU ROI,
Rue de Seine , n° 8 , r. s. u.

RELATION

DES ÉVÉNEMENS

QUI ONT PRÉCÉDÉ ET SUIVI

LE LICENCIEMENT

DE LA GARDE NATIONALE

DE PARIS.

« Lorsque dans les troubles des Empires on
» en est venu à l'emploi de la force, il ne
» s'agit plus de la première attaque mais de
» la dernière victoire. »

CHATEAUBRIAND.

PONTHIEU ET C\ie, LIBRAIRES-ÉDITEURS,

PALAIS-ROYAL.

LEIPSICK. — MÊME MAISON.

1827.

AVERTISSEMENT.

Paris, ce 8 mai 1827.

Après avoir réuni les notes les plus sûres et les renseignemens les plus authentiques sur la revue que le Roi avait passé le 29 avril dernier au Champ-de-Mars, le *Moniteur* s'était engagé à en faire aussitôt part à ses lecteurs. « Tous les journaux, » dit-il depuis, ayant rapporté un assez » grand nombre de faits affligeans, nous » n'avons pas cru nécessaire de publier ceux » qu'ils ont laissés dans l'oubli, et nous pen- » sons que leurs récits sont bien suffisans

» pour faire connaître et apprécier ce qui
» s'est passé. »

Ces récits, cette réticence sont loin d'avoir paru suffisans à tout le monde; et une partie de la France et l'Europe même, qui ne lisent pas tous les journaux de Paris, ignorent sans doute encore quels attentats, quelles scènes révolutionnaires ont motivé le licenciement de la garde nationale la plus fidèle et la plus dévouée du royaume. Nous avons cru devoir suppléer au silence du *Moniteur*, en recueillant sur cet inconcevable coup d'État les faits qu'il suppose connus et ceux qu'il a laissés dans l'oubli, et en y ajoutant le récit de toutes les intrigues ministérielles qui ont accompagné cet étrange événement.

RELATION
DES ÉVÉNEMENS

QUI ONT PRÉCÉDÉ ET SUIVI

LE LICENCIEMENT

DE LA GARDE NATIONALE,

DE PARIS.

CHAPITRE PREMIER.

Projet de loi sur la police de la presse.

DE tous les attentats prémédités contre la liberté constitutionnelle par un ministère aussi inhabile qu'il est impopulaire, aucun n'avait attiré sur ses auteurs une réprobation plus unanime que le projet de loi sur la police de la presse; rien encore n'avait plus vivement agité les esprits que cette loi, flétrie du premier coup et pour jamais du nom de vandale. La justice et l'amour du *Moniteur* n'étaient parvenus qu'à la faire paraître plus odieuse et plus injuste.

Après les menaces de ce projet, fruit d'une imagination évidemment en délire ou d'une ignorance aussi immorale; qu'imprévoyante, chacun se demandait où la faction antifrançaise qui pèse depuis quelques années sur la France en voulait venir, ce qu'il fallait espérer, ce qu'il fallait craindre?

L'effroi, la stupéfaction étaient dans tous les cœurs, car sans la liberté de la presse, seule garantie que nous ayons pour suppléer aux institutions qui nous manquent, ou défendre celles qui nous sont octroyées, quelles libertés serions-nous sûrs de conserver? Après avoir vu périr le plus important de tous, quel est celui de nos droits pour lequel il ne faudrait pas trembler?

Avec ce droit même, nous voyons encore chaque jour la liberté individuelle attaquée par les agens du pouvoir, et le pouvoir protéger ces agens, qu'il devrait punir ; la liberté religieuse livrée à la séduction, et la séduction encouragée, loin d'être proscrite et réprouvée ! Qu'aurions-nous donc à souffrir dès l'instant où, livrés au fouet de l'intolérance et du despotisme, nous aurions perdu jusqu'à la faculté de faire entendre nos plaintes ? chacun prévoit qu'avec les hommes de l'espèce de ceux qui nous gouvernent, la destruction de la presse serait le dernier coup porté à cette Constitution, qui devait ramener parmi nous l'ordre et la paix ; au point où nous en sommes, son silence serait celui de la mort. Mais non, le peuple ne meurt pas : il sait, s'il le faut, souffrir long-temps, long-temps attendre ; il sait qu'une fatalité, dont il est trop souvent la victime, peut lui imposer des ministres prévaricateurs et tyranniques ; mais leur règne passe après un orage, et il recouvre ses droits, qui sont imprescriptibles.

« Nous touchons encore de près à une révolution terrible ; et il est bien permis à ceux qui y ont assisté d'en redouter de nouvelles scènes. Ne doit-on pas s'indigner des efforts d'une faction égoïste et ambitieuse qui essaie chaque jour de remettre en question ce qu'on a décidé la veille? et comment ne pas se soulever, quand on l'entend appeler un combat, dont la mêlée serait peut-être funeste à tous, mais dans lequel sa chute seule est certaine? Les partis les plus ouvertement divisés s'étaient réunis pour repousser l'œuvre du ministère, avant même qu'elle ne fût entièrement connue. Tout ce que la France possède d'hommes probes et éclairés poussa un cri d'indignation quand ce fatal projet fut publié. Le ministère en parut d'abord étonné, mais ne recula point. En cette circonstance solennelle, où l'intérêt des arts et des lettres était si gravement compromis, l'Académie française, ordinairement si calme, si confiante dans les décisions du gouvernement, s'anima d'un noble courage, et signala son réveil en votant une supplique au Roi, son protecteur. Sous une monarchie constitutionnelle, le droit de pétition est accordé au citoyen, mais la supplique est un crime; le ministère, à qui l'idée de destituer en masse n'était pas encore venue, frappa l'illustre compagnie dans la personne de trois de ses membres les plus distingués. M. Lacretelle, auteur de la proposition, trouva ce jour-là l'occasion de perdre avec honneur une place peu honorable. Une ordonnance retira à M. Michaud, ce vétéran du royalisme, la place de lecteur du Roi ; et M. Villemain, débarrassé des fonctions de maître des requêtes, retrouva cette position indépendante qui convient seule à sa haute éloquence. Les ministres voulaient une victime de plus, et l'un des auteurs de *Pharamond* allait être également rendu au culte des Muses, quand les pressantes sollicitations d'un ami le maintinrent à la bibliothèque de Saint-Cloud.

Que présageait tant de petitesse et de colère ? tous les excès auxquels la vanité blessée peut se livrer ! Présenté à la Chambre des Députés au milieu des murmures de toute la France, ce projet de loi, qui devait tomber au bruit de ses applaudissemens, s'enrichit encore des prodigalités d'une majorité abusée ; la loi vandale fut votée presque sans qu'un amendement généreux eût adouci ses violences ; on n'avait fait qu'ajouter à ses rigueurs. La censure, et pis que la censure, s'y était glissé sous le masque ; la violation des droits sacrés de la propriété s'y montrait à découvert : savans, poètes, historiens, journalistes, tous n'avaient plus qu'à penser, qu'à écrire sous le bon plaisir de la police. Depuis la feuille légère des modes et des théâtres jusqu'au lourd et inoffensif bulletin des sciences et des arts, tout pliait sous le joug, tout tombait sous la faux meurtrière. Montrouge seul, avec ses pastorales et ses mandemens, pouvait lever le front sans entraves. Ainsi le projet ministériel triomphait. Son absurdité seule donnait quelque espérance; car, bien qu'on nous y pousse et qu'on s'y précipite devant nous, le règne de l'absurde ne peut plus avoir en France que la durée d'un jour.

'C'est dans la Chambre élective que le peuple devrait naturellement trouver ses plus nombreux, ses plus ardens défenseurs; mais il a vu parfois, ailleurs, ses intérêts protégés d'une façon plus puissante. C'est pourtant parmi ceux qui sembleraient le moins disposés à les soutenir, au milieu d'une assemblée essentiellement aristocratique, mais indépendante, mais éclairée, mais courageuse, que les caresses et les menaces du pouvoir ne sont pas plus capables de séduire ou d'effrayer, que les applaudissemens ou les cris tumultueux de la multitude.

Ainsi, en Angleterre , l'émancipation des catholiques d'Irlande , qui a contre elle les lois fondamentales du royaume, le serment du Sacre et le vœu national , a été accueillie denx fois par les députés des communes et repoussée par les lords. Ainsi, après une vie d'un instant, nous avons vu tomber le droit d'aînesse et le trois pour cent.

La Chambre des Pairs , qui n'est pas constituée pour le service de nos ministres, mais dont la puissance héréditaire ne s'abaisse que devant le monarque même , n'a point des votes tributaires de ceux qui l'ont fait élire ; elle n'a en vue que le bien du pays, elle ne veut que la gloire de la patrie : c'est sans doute le plus sûr moyen d'assurer le salut du trône ; car que deviendrait le trône quand la nation s'entredéchirerait ou s'ameuterait pour reconquérir les droits qu'on serait parvenu à lui ravir ?

Le ministère n'attendait rien de son influence, rien de la considération qu'il sait bien avoir dès long-temps perdue. Quels étaient donc ses projets? On parlait d'un coup d'Etat* ;

---

* Dans un discours qui devait être prononcé à la Chambre des Pairs, et qu'il a fait imprimer après le retrait de la loi,

il s'agissait de renforcer la Chambre ' haute,
d'y introduire tous les évêques du royaume,

M. de Chateaubriand s'exprimait ainsi en parlant des coups
d'Etat, comme s'il eût prévu celui qui devait bientôt frapper
la France d'étonnement, comme s'il craignait ceux dont on
nous menace encore .

« Une autre manie de ces hommes qui ont inspiré le projet
de loi est de parler d'un coup d'État. A les entendre, il
suffit de monter à cheval et d'enfoncer son chapeau. Ils
oublient encore que le coup d'État n'est point de l'ordre actuel, et qu'il n'appartient qu'à la monarchie absolue A dater
du règne de Louis XIV, où l'ancienne Constitution acheva
de périr; la couronne, en exerçant le pouvoir dictatorial,
ne faisait, avant l'année 1789, qu'user de la plénitude de sa
puissance. Il n'y avait pas révolution dans l'État par le coup
d'Etat, parce qu'en fait, le Roi était chef de l'armée, législateur suprême, juge et exécuteur de ses propres arrêts; il
réunissait aux pouvoirs militaire et politique, les attributions de la justice civile et criminelle.

» Entendrait-on par un coup d'État un mouvement renfermé dans les limites constitutionnelles; la dissolution de
la Chambre des Députés, l'accroissement de la Chambre des
Pairs? Ce ne serait pas un coup d'Etat, ce serait une mesure qui ne produirait rien dans le sens du pouvoir absolu.

» Il est pourtant vrai, Messieurs, que la tyrannie a un
moyen d'intervenir dans la monarchie représentative; voici
comment . les trois pouvoirs pourraient s'entendre pour détruire toutes les libertés; un ministère conspirateur contre
ces libertés, deux chambres vénales et corrompues, votant
tout ce que voudrait ce ministère, plongeraient indubitablement la nation dans l'esclavage. On serait écrasé sous le
triple joug du despotisme monarchique, aristocratique et
démocratique. Alors le gouvernement représentatif deviendrait la plus formidable machine de servitude qui fût jamais

tous les préfets, tous les agens amovibles et révoquables, sur l'opinion ou la conscience desquels on pouvait compter. Mais, en éloignant toute autre considération, cette mesure suffisait-elle encore? Dans une occasion bien différente , car il s'agissait de défendre la Charte, et non de la violer, M. de Cazes avait vu se tourner contre lui-même quelques uns des pairs qu'il venait de créer. M. de Villèle ne devait-il pas craindre le même résultat? Un noble exemple est contagieux : qui pouvait lui garantir deux jours de suite sa majorité?

Confiant dans les merveilleux effets de son éloquence, et quoique doutant un peu de celle de M. de Peyronnet, il préféra porter son pro-

inventée par les hommes. Heureusement, par la coalition des trois pouvoirs, cette coalition serait de courte durée; quelle explosion extérieure, quelle réaction, dans les Chambres au moment du réveil!

» Voilà pourtant, Messieurs, les méprises où tombent ceux dont l'esprit a inspiré le présent projet de loi : ils rêvent la monorchie absolue sans ses illusions, le despotisme militaire sans sa gloire, la monarchie représentative sans ses libertés. Espérons que pour la sûreté du royaume, le pouvoir ne sera jamais remis entre de pareilles mains. Si ces insensés essayaient seulement de lever l'impôt dans un de leurs trois systèmes, le premier Hampden qui se croirait le droit de refuser cet impôt, mettrait le feu aux quatre coins de la France. »

jet de loi, du palais Bourbon au palais du Luxembourg, et il l'y fit présenter dans presque toute sa simplicité native. Les nobles Pairs avaient long-temps douté qu'on osât le leur livrer. Ils avaient espéré que les remontrances de la France entière avertiraient le ministère de la folie de ses prétentions, et que, pour l'unique intérêt de son autorité, il ne persisterait pas à bâillonner tout un peuple. Vaine espérance ! le ministère ne craignait pas de demander appui à la Chambre haute ; elle pouvait repousser, d'un seul vote, son œuvre insensée : elle la prit en pitié, et voulut bien se charger de lui refaire une loi sur la presse, comme elle venait de lui en refaire une sur le jury.

Une commission fut nommée. Elle était composée de MM. de Montesquiou, de Lévis, de Brissac, Pasquier, Portalis, de Broglie, Portal. Le choix de tels hommes était pour le projet de police de la presse l'avant-coureur de la mort. Les nobles Pairs appelèrent devant eux ce que l'imprimerie, la librairie, les sciences et la littérature avaient de plus recommandable ; ils avaient entendu leurs plaintes ; ils voulurent écouter leurs avis, et bientôt, se décidant par eux-mêmes, on sut

qu'ils avaient proposé vingt à vingt-cinq amen-
demens qui changeaient entièrement le projet
de loi Peyronnet. Déjà le rapport de M. Portalis, qu'on pouvait regarder comme l'oraison
funèbre de ce projet insensé, était préparé.
C'est à cette époque qu'eut lieu la revue du
17 avril, qui devait amener celle du 29 du
même mois.

CHAPITRE II.

Anniversaire de la rentrée du Roi. — Le projet de loi sur la police de la presse est retiré. — Ordre du jour annonçant la revue de la garde nationale de Paris pour le 29 avril.

Après un exil qui avait failli n'avoir point de terme, Charles X se montra le 12 avril à la capitale de la France, lassée du despotisme de celui qu'elle s'était donné pour maître, bien plus que subjuguée par les armes de l'étranger. En cette occasion, les Parisiens signalèrent leur amour pour la royale Famille qu'ils n'avaient point oubliée, et leur empressement à accueillir « le Français de plus » dut leur mériter toute sa reconnaissance. Le souvenir du 12 avril fut dès lors consacré; en mémoire de ses loyaux services, la garde nationale eut tous les ans, à pareille époque, le privilége de veiller seule autour du palais des Rois dont elle avait aidé à rouvrir les portes.

Cet anniversaire tombait cette fois sur un des jours que la religion catholique consacre au deuil et à la prière; il fut remis au dimanche suivant. Le Roi reçut le matin les félicitations des Chambres, de la magistrature, des grands de la cour et du royaume. La garde nationale avait relevé les postes des Tuileries, et bientôt le prince, entouré d'un nombreux État-major, se rendit au Champ-de-Mars pour y passer en revue les différens corps de troupes formant la garnison de Paris.

C'était au temps de Pâques. Le peuple qu'une double solennité appelait au-dehors, se pressait sur la route que suivait le cortége royal; mais un spectacle brillant, l'appareil militaire semblaient seuls attirer ses pas. Au lieu des cris d'amour qu'il avait si souvent fait éclater à la vue du Prince, il observait partout un morne silence; l'on eût dit qu'il ne s'était ainsi porté en foule sous ses yeux, que pour lui donner avis des secrètes inquiétudes dont il était agité, et d'une douleur présente qu'il comprimait à peine.

Presque partout, et principalement en France, les Rois vivent trop isolés des peuples qu'ils sont appelés à gouverner; cette vieille doléance de nos pères, *Si le Roi le savait*, peut en servir de preuve. Au fond de son palais, au milieu du bruit de la cour, le monarque ne peut deviner le besoin de ses sujets, il ne peut entendre leurs plaintes. Les journaux même qui, quoi qu'on en dise, sont les organes ou les échos des opinions diverses, ne parviennent point jusqu'à lui. Il n'écoute que les conseils des ministres dont il est forcé de s'entourer. Il ne voit que par leurs yeux, ne juge que sur leurs rapports; c'est ainsi que les sentimens publics ne lui arrivent trop souvent qu'odieux et travestis. Et parmi ces serviteurs en apparence si dévoués, aucun ne veut ou n'ose lui apprendre les vérités impérieuses qui finissent, quelquefois trop tard, par lui apparaître sans déguisemens perfides.

Le silence de la capitale, à l'anniversaire du 12 avril, fut compris par celui qui avait marqué son avènement au trône en abolissant la censure; un cœur tel que le sien dut en être péniblement affecté. Mais le voile était déchiré! Cette population active, industrieuse. la plus civilisée, la plus éclairée de l'univers. et qu'on lui avait peinte comme indifférente à des débats qui ne touchaient, disait-on, que des folliculaires et des libellistes, concevait donc que dans le projet du ministère il y avait autre chose que la répression légale des prétendus excès de la presse. Il fallait donc que tous les intérêts se sentissent à la fois menacés; il fallait que les mesures qu'on lui avait suggérées, pour abattre la licence des écrivains, outre-passassent d'une manière bien violente les bornes de la raison et de la nécessité, puisqu'elles suffisaient pour tourmenter tout un peuple et imposer silence à sa voix.

Les inspirations généreuses sont vives et fécondes dans l'âme d'un descendant d'Henri IV. A peine rentré dans son palais, Charles X exigea que ses ministres retirassent à l'instant leur fatal projet. MM. de Villèle, de Peyronnet, Corbière, en pâlirent d'effroi; mais la bonté du prince voulait bien n'appeler qu'une erreur de leur jugement ce que d'autres regardaient comme une trahison patente, une véritable forfaiture. Dès qu'ils ne tremblèrent plus pour eux-mêmes, qu'il n'y eut que leur amour-propre et leur esprit de compromis, ils n'hésitèrent pas à céder à l'orage. D'autres fussent morts de honte, ou auraient été au loin cacher leur ennui, en voyant ainsi s'évanouir en fumée un projet présenté avec tant de bruit, soutenu avec tant d'impudence et d'audace. Eux, qui n'ont rien à perdre, réfléchirent qu'il y avait tout à gagner à s'exécuter. C'était en appeler d'avance de l'inévitable justice de la Chambre des Pairs, et s'épargner un soufflet nouveau. La loi d'amour n'était-elle pas déjà dévouée au bûcher qui avait dévoré le droit d'aînesse; sa place n'était-elle pas marquée dans le même tombeau? et si elle devait survivre aux tortures qui lui étaient préparées, il eût fallu la voir marcher méconnaissable et mutilée comme la loi sur le jury!

Alors l'héritier de la simarre du chancelier Meaupou abaissant ce front, humiliant cette voix, quelques jours auparavant si superbes, s'avance vers la tribune du Luxembourg, et de là laisse tomber, sans préambule et sans emphase, la phrase la plus courte qu'il ait jamais prononcée, et la seule peut-être qu'on ait encore applaudie :

Messieurs,

« S. M. nous a ordonné de vous faire la communication suivante :

» Charles, par la grâce de Dieu, etc.

» Nous avons ordonné et ordonnons ce qui suit :

» Article 1er. Le projet de loi relatif à la police de la presse est retiré.

» 2. Notre garde des sceaux, ministre secrétaire d'Etat au département de la justice, est chargé de l'exécution de la présente ordonnance.

» Donné au château des Tuileries, le 17 d'avril, etc. »

M. de Peyronnet avait dit : Il s'esquive et disparaît.

Le même jour 17 avril, le maréchal duc de Reggio publiait l'ordre du jour suivant :

« Hier, la garde nationale a célébré l'anniversaire du 12 avril en exerçant l'honorable prérogative qui lui est réservée de garder seule, ce jour-là, le Roi et la Famille royale. Les détachemens de cavalerie et d'infanterie, de service pour relever les divers postes de la maison militaire et de la garde royale, étaient en bataille à neuf heures dans la cour des Tuileries, et, à neuf heures et demie, le Roi, en uniforme de colonel-général de la garde nationale, accompagné de M. le Dauphin, daigna inspecter cette troupe et adresser, avec sa grâce accoutumée, aux officiers, sous-officiers, grenadiers, chasseurs et gardes à cheval, des paroles pleines de bonté. Ces détachemens eurent ensuite l'honneur de défiler devant S. M.

» Le Roi, satisfait de leur belle tenue et de la régularité avec laquelle les divers mouvemens furent exécutés, voulant donner à la garde nationale de Paris un nouveau témoignage de sa constante bienveillance, et prouver combien il apprécie le zèle et le dévoucment de ce corps, a chargé le maréchal commandant en chef d'annoncer qu'il en passerait la revue générale le 29 de ce mois.

» Heureux d'avoir à transmettre aux légions des intentions si flatteuses, le maréchal s'empresse de les leur faire connaître. Il prévient en même temps MM. les colonels que le changement de tenue, qui n'a lieu qu'au 1ᵉʳ mai, sera avancé cette fois de deux jours, et qu'en conséquence ils doivent faire savoir, dans leurs légions respectives, qu'à dater du 29 courant, le pantalon de drap bleu et les guêtres noires seront remplacés par le pantalon blanc et les guêtres blanches.

» Le maréchal commandant en chef ne doute pas du soin que la garde nationale mettra, pour la prochaine revue, à continuer de se montrer digne d'elle-même et de la faveur que le Roi veut bien lui accorder. »

CHAPITRE III.

Réjouissances à l'occasion du retrait de la loi de la presse.

A peine l'heureuse nouvelle du retrait de la loi eut-elle franchi les murs du palais du Luxembourg, qu'elle se répandit d'un bout à l'autre de la capitale. Les journaux du soir la rendirent bientôt officielle, et des cris de reconnaissance et d'allégresse s'élevèrent de tous côtés. Une douce surprise, un plaisir inattendu émut tout Paris; et ceux qui avaient oublié la veille de célébrer la fête royale, et ceux dont les sentimens avaient été jusque-là involontairement comprimés, réunirent leurs transports et illuminèrent leurs maisons d'un mouvement spontané.

Pendant cette première soirée, les hommes auxquels le projet ministériel avait inspiré les plus vifs sujets de craintes, donnèrent un exemple que la ville presque tout entière suivit le lendemain. Les témoignages de la reconnaissance publique furent universels ; « et l'aspect de la capitale, dit *la Quotidienne* » du 19 avril, rappelait parfaitement quel- » ques unes de ces réjouissances qui ont si- » gnalé les premières époques de la Restaura- » tion. » Dans les quartiers les plus vivans ces réjouissances furent étourdies et bruyantes, comme celles de toutes les fêtes populaires ; des pétards imprudemment lancés atteignirent plus d'une personne ; mais aux cris de *vive le Roi*, aux vœux ardemment exprimés pour la conservation de la liberté de la presse, deve- nue d'autant plus chère qu'on avait été plus près de la perdre, des gens pervers ou sou- doyés purent seuls mêler ces vociférations, qu'on a dénoncées ; vociférations si rares, si timides, que la police même ne put décou- vrir ceux qui les proféraient. Elle veillait pourtant, quoiqu'elle feignît d'avoir fermé les yeux; elle frappait dans l'ombre; elle cherchait des argumens pour ses projets à venir; et comme, bons ou mauvais, il lui en fallait sur-le-champ, elle eut bien soin de ne rappeler aux citoyens leurs devoirs, de ne publier ses ordonnances qu'après l'arrestation de trois ou quatre cents coupables, et quand les chants et les fêtes avaient cessé.

Mais voyons ce qu'il y a de séditieux, de révolutionnaire, d'anarchique, d'attentatoire à la majesté royale dans les fautes de ces prisonniers? Une séance du tribunal de simple police va nous en instruire. Plus de deux cents individus y vont figurer; c'est le 5 mai suivant. Quels sont les crimes dont ils ont à répondre? Ils ont vendu sans autorisation ou tiré des pièces d'artifice dans les soirées des 17 et 18 avril dernier. La veille, quatre d'entre eux avaient été condamnés à vingt-quatre heures de prison et 2 fr. d'amende pour peine de cette double contravention. Le même tribunal doit encore prononcer sur soixante individus accusés du pareil délit, et il restera plus de deux cents affaires du même genre à juger. L'on voit bien dans tous ces jugemens des pétards et des fusées coupables ; mais où sont donc les cris séditieux, les provocations incendiaires ? Parmi cette foule d'imprudens dont vous avez rempli vos maisons d'arrêts, où sont donc les hommes qui, dites-vous, invoquaient dans les rues, la république et l'empire ?

Il s'en présentera, gardez-vous d'en douter !....

La police dût-elle en fabriquer elle-même ou les faire sortir de terre, il s'en présentera. En attendant, elle saura bien, en dénaturant les faits, en leur prêtant des couleurs sombres et hideuses, vous les faire apparaître terribles et menaçans, comme aux premières journées de la révolution.

Des troupes d'ouvriers enivrés de joie, des citoyens de toutes les classes parcouraient les rues, ici portant des drapeaux blancs, là le buste du Roi, dont ils chantaient les louanges. De tous côtés on leur applaudissait. Quelques uns se dirigèrent vers la place Vendôme ; ils mêlèrent, dit-on, à leurs acclamations, quelques sifflets vengeurs, qui s'adressaient peut-être à une Excellence dont la justice dormait dans le voisinage, protégée par l'amour de six cents hommes d'armes. Sur le minuit, ils s'éloignèrent; alors un seul cri avait remplacé tous les autres, celui de Vive le Roi! Arrivés près des Tuileries, ils le répétèrent avec transport, comme s'ils eussent voulu que ce cri de leur reconnaissance parvînt jusqu'aux oreilles qu'il devait le plus charmer. Ce bruit inaccoutumé, cette heure avancée, le souvenir des rapports de la journée, tout vint agiter l'âme d'une auguste princesse qui reposait non loin de là. Tremblante pour une vie qui lui est plus chère que la sienne, elle se lève en sursaut et court au berceau de son fils. Quand elle reconnut la cause de ses alarmes, quand elle distingua ces voix qui bénissaient toutes le nom du Roi, un doux calme succéda sans doute bientôt à ses craintes, et elle dut facilement pardonner à ceux qui n'avaient pas assez respecté son sommeil *.

Si les âmes généreuses, les esprits élevés savent seuls pardonner, l'on devait bien s'at-

---

* Le lendemain, la duchesse de Berri put juger par elle-même que la reconnaissance excitée par le bienfait du Roi, se faisait sentir en tous lieux. A son entrée dans la salle de l'Opéra, elle fut saluée par mille applaudissemens. MM. les ministres voudraient-ils nous faire croire que ces applaudissemens n'étaient encore qu'une insulte déguisée de la canaille?

tendre que les ministres, pour qui la joie de tout Paris était un outrage, ne sauraient rien oublier. Ils persistaient donc à ne montrer dans toute la population parisienne, qu'un ramas de révolutionnaires excités par des hommes de 93, et audacieusement justifiés par les feuilles libérales du jour. Cependant la *Quotidienne*, ses abonnés, ses rédacteurs, s'étaient réjouis, avaient crié comme tout le monde, et la *Quotidienne* ne passe pas encore pour libérale. Bientôt on sut que d'un bout de la France à l'autre, à Rouen, à Nancy, à Lyon, à Troyes, à Strasbourg, à Caen, à Elbeuf, à Nantes, à Saint-Quentin, au Havre et partout, les illuminations étaient générales, la joie universelle. Qu'était-ce donc que cette unanimité d'opinion, pour saluer la chute d'un projet qui avait agité tous les esprits, et blessé tous les cœurs? Rien, que des contes de gazette, ou l'exécution d'ordres donnés par les journaux factieux de la capitale.

CHAPITRE IV.

Bruits divers sur un changement de ministère. — Intrigues ministérielles pour ajourner la revue du 29 avril.

Mais cette revue ordonnée par le Roi, sans qu'il eût pris conseil de MM. les ministres, ne leur présageait rien que de funeste. Cette revue, ils le sentaient comme tout le monde, devait être le prélude d'un événement important. Les cris de la reconnaissance publique allaient accueillir le Roi lorsqu'il se montrerait au milieu de ses sujets. Que signifieraient ces cris, que demanderaient-ils ? un second bienfait de celui qui ne saurait pas mieux résister à la joie qu'à la douleur de la nation ; après la destruction de l'œuvre ministérielle, la dissolution du ministère même qui l'avait enfantée.

Un mot de la bouche du Roi avait suffi pour éloigner l'orage qui grondait sur la France ; il ne fallait qu'un mot nouveau pour le dissiper tout entier. M. de Villèle pouvait même lui épargner la peine de le prononcer ; l'occasion était belle ; un noble exemple était donné. En ces jours même, l'Angleterre recevait une administration nouvelle, et avec elle une impulsion plus prononcée dans la carrière des améliorations sociales. Ceux qui, là comme chez nous, méconnaissent encore le danger d'une marche rétrograde, avaient cédé la place à des ministres appelés au timon des affaires par le choix du Prince et l'opinion publique. L'honneur leur en avait fait un devoir, ils l'avaient suivi ; leur conscience leur avait dit qu'il y avait de la honte à supporter en silence le triomphe des idées des autres, ou à leur prêter appui quand elles nous sont opposées, et ils l'avaient écoutée. Mais la politique de nos hommes d'État est d'un ordre plus grand, plus élevé.

Eux, céder à l'opinion, se résigner! eux abandonner jamais le fort dans lequel ils se sont retranchés! Non, non; on les en chassera, mais ils n'en sortiront pas de plein gré; affamés de pouvoir, dussent-ils être condamnés à y dévorer sans cesse leurs malheureux enfans, à s'y dévorer eux-mêmes, ils ont juré de s'y maintenir; ils l'ont juré, dût le trône s'écrouler après eux, dût toute la monarchie s'abîmer.

Cependant personne ne pouvait croire que le retrait du projet de loi sur la police de la presse ne fût pas l'avant-coureur d'un changement dans la direction de la politique intérieure, et chacun, selon ses affections et ses idées, désignait d'avance les membres qui devaient former le nouveau conseil. Une circonstance, en apparence indifférente, donnait encore le cours à mille conjectures. Le 22 avril avait eu lieu le dernier cercle de la cour : dans cette soirée, où plus de douze cents personnes, l'élite de la société, étaient rassemblées, on avait remarqué non seulement MM. de la Bourdonnaye, de Beaumont, de la Lézardière et plusieurs autres membres les plus prononcés de l'opposition royaliste, mais aussi MM. Royer-

Collard, Casimir-Périer, Benjamin-Constant, que l'on est habitué à regarder comme les représentans de l'opposition libérale à la Chambre des Députés, et qui y avaient été invités.

Au milieu de cette réunion que le Roi et toute sa famille honoraient de leur présence, on voyait encore le vicomte de Chateaubriand qui, depuis sa sortie du ministère, n'était pas rentré dans les salons des Tuileries. Toutes les imaginations étaient en mouvement. MM. Pasquier, Siméon, Portal, Roy, Royer-Collard, selon les uns, allaient prendre les porte-feuilles des affaires étrangères, de la guerre, de la justice et des finances. — Non, disaient les autres, le Roi ne peut appeler dans ses conseils des hommes que son frère n'a pu jadis y conserver; et vous qui semblez les y appeler de vos vœux, n'avez-vous rien à reprocher à la plupart d'entre eux? N'est-ce pas sous eux et par eux que les coups, qui les premiers frappèrent nos institutions, ont été portés. Leurs œuvres sont connues, il en faut éprouver d'autres; et, dans une position nouvelle, il faut des hommes nouveaux; c'est à la Chambre des Députés, sur le seul banc de l'extrême gauche, que le Roi ira les chercher. —

Et pourtant l'on désigne Chateaubriand comme le chef du nouveau conseil ; on cite même le mot d'un noble envoyé qui, en l'engageant à ne point faire imprimer son dernier discours sur la presse, lui disait en riant que le Roi ne voudrait point un ministre qu'on pût trouver occupé à corriger une épreuve. — Eh bien ! ce choix de Chateaubriand n'a rien qui nous étonne ; c'est une tête ardente et mobile, à qui les extrêmes conviennent parfaitement, et qui marchera aussi bien en tête de la gauche, que de la droite. — Attendez-vous donc à voir MM. de la Bourdonnaye, Hyde de Neuville, de Moustier et Polignac sous sa bannière ; mais non, la présidence ne lui sera point confiée ; c'est à S. A. R. le Dauphin que la direction du cabinet est destinée. M. de Villèle gardera les finances, c'est une nécessité. Mais excepté MM. Doudeauville et Chabrol, tout le reste du ministère sera renvoyé. Ainsi quelqu'improbables que fussent la plupart des arrangemens que le public décidait de son autorité privée, il n'y avait au fond qu'une espérance et qu'un désir, celui de voir renverser le ministère actuel.

Mais ce ministère ne prenait pas ainsi son

parti; cependant la crise approchait. Quelques jours encore, et la fatale revue allait avoir
lieu. Comment détourner la foudre? elle allait
frapper.

Il mit tout en œuvre pour ajourner la fête
qui se préparait; car ce devait être la fête de
ses funérailles. Il fit un instant décider que
la revue de la garde nationale se passerait
entre les grilles du Carrousel, et qu'en cette
journée, la gendarmerie, placée à toutes les
issues, s'éleverait comme une barrière entre
le peuple et le Roi. Vaine tentative! Le Prince
qui, en 1814, s'était présenté seul, le front
découvert au milieu de Paris, ne supporta
point l'idée qu'on pût lui supposer d'injustes
méfiances; et en dépit du ministère humi-
lié, le duc de Reggio, qui devait bientôt
trouver le prix de son zèle et de ses conseils,
adressa aux colonels des légions qu'il commandait, un ordre du jour qui décidait la
question. Voici cet ordre :

« Le Roi ayant annoncé, à la parade du
16 de ce mois, que pour donner une preuve
de sa bienveillance et de sa satisfaction à la
garde nationale de Paris, il avait l'intention
de passer en revue les treize légions de cette

garde, le maréchal commandant en chef a pris de nouveau les ordres de S. M., et prescrit en conséquence les dispositions suivantes :

» La garde nationale de Paris s'assemblera le 29 avril, à une heure, au Champ-de-Mars, où elle formera autant de lignes que son effectif le comportera, suivant la dimension du terrain qu'elle devra occuper. Les deux aides-major-généraux commanderont chacun six légions d'infanterie. La légion de cavalerie restera sous le commandement particulier de son colonel. Tous les sapeurs, tambours, musiques et trompettes, seront en tête des légions respectives. MM. les colonels conduiront eux-mêmes leurs légions sur le terrain, à la place qui leur sera indiquée. A la fin de la revue, chaque colonel, après avoir défilé devant le Roi, à la tête de sa légion, la ramènera en bon ordre où elle se sera formée.

» Le maréchal, commandant en chef, confie l'exécution des dispositions du présent ordre au soin et à la responsabilité du major-général, qui devra, à cet égard, se concerter d'avance avec MM. les aides-major-généraux et colonels de la garde nationale. »

CHAPITRE V.

29 avril. — Revue de la Garde nationale au Champ-de-Mars.

En conséquence des ordres qu'elles avaient reçus, les treize légions dont se compose la garde nationale se réunirent, dès le matin du dimanche 29 avril, sur le terrain qui leur était désigné. Elles formaient environ dix-huit à vingt mille hommes. Un ciel pur, un soleil éblouissant promettaient la plus belle journée du printemps; une immense population accourait de toutes parts vers le Champ-de-Mars. Bientôt les talus des deux côtés, ainsi

que les hauteurs de Chaillot, furent couverts
par une multitude innombrable ; l'avenue des
Invalides ét tous les environs étaient remplis
par la foule ; et cette immense et brillante af-
fluence, ces lignes de troupes dont les armes
réfléchissaient l'éclat du soleil, offraient le
plus magnifique spectacle.

A une heure le Roi sortit des Tuileries, accompagné du Dauphin, du duc d'Orléans, et
du duc de Chartres, de ses aides-de-camp, et de
tous les principaux officiers de sa maison. La
Dauphine, la duchesse de Berri, la duchesse
d'Orléans et Mademoiselle d'Orléans suivaient
le cortége dans une calèche découverte. Pendant le trajet des Tuileries au Champ-de-Mars,
S. M. fut saluée des cris mille fois répétés
de *vive le Roi!* Arrivée sur le terrain de la revue, elle y trouva les douze légions rangées
sur quatre lignes. Deux lignes étaient placées
de chaque côté du Champ-de-Mars ; ces lignes
se prolongeaient depuis l'École Militaire jusqu'à l'extrémité du Champ, du côté de la rivière. La garde nationale à cheval était placée
parallèlement à la rivière , faisant face à
l'École Militaire. M. le maréchal duc de
Reggio commandait en chef.

Le Roi parcourut successivement tous les rangs, s'arrêta à la tête de chaque légion et adressa à leur colonel des paroles pleines de bienveillance. A sa vue, les cris des légions se mêlaient à ceux des innombrables spectateurs, et l'on entendait de toutes parts : *Vive le Roi! vive le Dauphin! vive la Charte! vive la liberté de la presse!* Tous ces cris confondus ensemble annonçaient assez l'unanimité de sentiment qui régnait parmi les gardes nationaux et la foule immense qui les entourait.

Mais à ces cris, il vint aussi s'en joindre d'autres; les efforts des hommes qui eussent voulu que les témoignages de l'amour et de la reconnaissance se fissent seuls remarquer ce jour-là, ne furent pas également heureux. L'expression des sentimens que, sous un gouvernement constitutionnel, il est peut-être permis de faire entendre, ne fut pas toujours comprimée. Quelques uns songèrent à profiter de la présence du chef de la nation pour lui dénoncer la haine que leur inspiraient les conseillers de la Couronne, ennemis des institutions qu'il a juré d'affermir. Ces mots : *A bas les ministres!* s'échappèrent çà et là des rangs de ces soldats citoyens; mais ces mots,

qui fussent partis de toutes les bouches, si le
respect né les eût pas étouffés, étaient plus
rares encore qu'on ne devait s'y attendre, et
l'accent avec lequel ils étaient prononcés n'é-
tait partout que celui de la prière.

Empruntons aux journaux mêmes dévoués
aux intérêts du ministère le récit de scènes
qui se passèrent alors; ce sont celles sans
doute dont a parlé le *Moniteur*, sans pourtant
les retracer, de peur qu'on ne puisse trop
facilement les démentir. La *Quotidienne* s'est
donné la peine de les recueillir; copions donc
ici la *Quotidienne*.

« Redisons, dit-elle, comme une chose in-
» contestable (c'est ce qu'elle avait imprimé
» sans restriction la veille), que les sentimens
» émanés de l'innombrable population qui s'é-
» tendait sur les deux quais au passage du Roi
» pour se rendre au Champ-de-Mars, n'ont ja-
» mais été manifestés d'une manière plus ex-
» pressive, plus éloignée de toute combinaison
» et de toute arrière-pensée : c'était vraiment
» l'enthousiasme de 1814, les exclamations
» d'attendrissement, ces mouchoirs blancs
» agités à toutes les fenêtres à l'aspect du *Fran-*
» *çais de plus* qui, sous le modeste habit de

» garde national, venait, après trente ans
» d'exil, montrer un petit-fils d'Henri IV aux
» Parisiens. Ce même esprit animait, n'en
» doutons pas, l'immense majorité de cette
» garde qui s'était bien imposé le devoir de
» ne faire éclater d'autre cri que celui de *vive*
» *le Roi!* Mais par une suite d'instigations
» malveillantes et perfides, un emportement
» condamnable a excité des clameurs plus
» qu'inconvenantes.

» C'est d'abord du milieu de la 2ᵉ légion,
» qu'un moment après le passage de S. M.,
» un des grenadiers du 2ᵉ bataillon a mêlé,
» au cri général de *vive le Roi!* le cri d'*à*
» *bas les ministres!* M. le maréchal duc de
» Reggio a voulu faire arrêter celui qui
» venait de proférer cette exclamation; mais
» il s'est dérobé à toute recherche en se
» glissant dans les lignes, et l'un des officiers,
» en brandissant son épée au dessus de la tête,
» a donné le signal d'un nouveau cri de *vive le*
» *Roi!* qui a été répété par tout le peloton. »

« Un SEUL incident, avait dit le *Journal de*
» *Paris,* en contrastant un moment avec l'ex-
» pression générale des sentimens de respect
» et d'amour, les a fait éclater avec une nou-

» velle vivacité ; le Roi, passant devant le front
» de la 7ᵉ légion, entendit des cris inconvenans.
» S. M. fit sortir des rangs celui qui les profé-
» rait, et lui dit avec fermeté qu'*elle était ve-*
» *nue pour recevoir des hommages, et non des*
» *leçons.* Ses camarades, par un mouvement
» digne de la garde nationale de Paris, le dé-
» gradèrent et le chassèrent à l'instant au cri
» unanime de *vive le Roi !* »

La *Quotidienne*, en conservant le mot du
prince, enjolive un peu l'anecdote, et elle
ajoute :

« Dans la 8ᵐᵉ légion, en outre des cris qui
» s'élevaient contre le ministère du sein de
» toutes les lignes, on a particulièrement re-
» marqué un des gardes nationaux qui,
» oubliant le respect que devait commander la
» présence du souverain, a répété avec affec-
» tation les mêmes clameurs au moment même
» du passage de S. M. M. le comte de Saint-
» Roman, commandant de cette légion, a
» donné ordre d'arrêter cet individu qui,
» ayant promis de se constituer prisonnier,
» est resté libre dans les lignes. Tels sont les
» faits particuliers dont plusieurs témoins nous
» ont attesté l'exactitude ; il est également

» vrai de dire que des vociférations très-nom-
» breuses se sont élevées aussi de plusieurs lé-
» gions à mesure qu'elles passaient l'inspec-
» tion du Roi : elles ont paru éclater avec plus
» de violence dans la 3me, la 5me et la 8me. On
» ne sera point étonné que ces mouvemens
» condamnables aient été si multipliés, quand
» on saura que, dans la plupart des légions, des
» hommes circulaient dans les lignes, distri-
» buant pour ainsi dire le mot d'ordre afin de
» propager des signes de sédition et de mécon-
» tentement que tous les vrais royalistes dé-
» plorent avec nous.

» S. M. étant arrivée devant la 9e légion,
» un chasseur de la 2e compagnie du 1er ba-
» taillon est sorti mal à propos des rangs,
» comme voulant parler directement au
» Roi ; le retentissement de l'arme et la
» brusquerie du mouvement de cet homme,
» ont fait faire un écart au cheval de S. M.
» Bien qu'il n'y eût pas même l'apparence d'un
» danger, M. Rossigneux, chef de bataillon,
» s'est élancé sur le chasseur pour le saisir;
» Mgr le duc d'Orléans et M. le maréchal duc de
» Reggio se sont rapprochés en même temps du
» Roi, qui, après avoir remercié gracieuse-

» ment M. Rossigneux de son zèle, a fait ap-
» procher le garde national, et, s'appuyant sur
» les fontes de la selle, lui a demandé, avec
» l'expression de la bonté la plus touchante,
» quel était l'objet de sa requête. Le garde
» national a été si troublé de l'idée que son
» mouvement eut été mal interprété, qu'il n'a
» pu exprimer son excuse que par des mots
» entrecoupés de larmes, et n'a pu que pro-
» tester. »

Une lettre signée par plusieurs gardes nationaux de la 3e légion, nous révèle un dernier fait que nous ne voulons pas passer sous
silence : « La troisième légion, dit cette lettre,
» était aussi nombreuse que belle ; lorsque le
» Roi en a passé la revue, il a été reçu par
» les cris mille fois répétés de *vive le Roi !* Un
» seul cri répréhensible s'est fait entendre.
» Le colonel a couru sur le peloton pour décou-
» vrir celui qui l'avait proféré, mais de nou-
» velles acclamations de *vive le Roi !* ont telle-
» ment fait justice de ce cri isolé, que le chef de
» légion ordonna qu'on remît la recherche du
» coupable au retour de la légion au quartier. »

Nous n'avons pas rappelé une dernière scène
dans laquelle on montrait le général Excel-

mans saisissant le bras d'un garde national, et lui intimant l'ordre de ne crier que *vive le Roi!* action dont le général a aussitôt attesté la fausseté. Tout paraît presque également dénué de vérité dans la plupart des faits que nous venons de répéter; s'ils étaient vrais, comme ils ne constitueraient pas un crime à nos yeux, nous ne songerions point à les démentir. Au reste, c'est un soin que d'autres ont déjà pris pour nous.

Le 1ᵉʳ mai, *le Constitutionnel* publia la déclaration suivante, de M. Alphonse V...., auquel, disait-on, le Roi avait été forcé de rappeler qu'il était venu au Champ-de-Mars recevoir des hommages, et non des remontrances.

J'ai lu dans *le Journal de Paris*, du 30 avril, « qu'un garde national de la 7ᵉ légion, étant » sorti des rangs, avait proféré des paroles » inconvenantes. Comme il est à ma connais- » sance qu'un seul garde national de cette » légion soit sorti des rangs, dans l'intérêt de » la vérité, je dois vous déclarer que c'est » moi, et que les seules paroles qui aient été » proférées sont celles-ci, et je les ai dites du » ton le plus respectueux : « *Sire, permettez*

» *à votre garde nationale de crier : Vive la*
» *Charte!* La prétendue injonction de sortir
» des rangs n'a point eu lieu à mon égard. »

Le comte de Saint-Roman, pair de France,
écrivit à son tour au rédacteur de *la Quoti-*
dienne la lettre qu'on va lire.

Paris, 2 mai 1827.

« Je consens, Monsieur, soit au nom des
» officiers soussignés, soit au nom de la 8ᵉ lé-
» gion tout entière, et je me plais, en mon
» particulier, à considérer comme une simple
» erreur vos passages suivans, relatifs à la
» revue du 29 avril :

» Dans la 8ᵉ légion, outre des cris qui s'é-
levaient contre les ministres du sein de toutes
les lignes, on a particulièrement remarqué
un des gardes nationaux qui, oubliant le respect que devait commander la personne du
souverain, a répété avec affectation les mêmes
clameurs au moment même du passage de
S. M. M. le comte de Saint-Roman, commandant de cette légion, a donné ordre d'arrêter
cet individu, qui, ayant promis de se constituer prisonnier, est resté dans les lignes.....
» Il est également vrai de dire que des vo-

ciférations très-nombreuses se sont élevées aussi de plusieurs légions au moment qu'elles passaient l'inspection du Roi. Elles ont paru éclater avec plus de violence dans la 3ᵉ, la 7ᵉ et la 8ᵉ. »

« Il est matériellement faux, sauf trois
» exceptions, que des cris autres que ceux de
» *vive le Roi!* se soient élevés sur la ligne des
» deux bataillons de la 8ᵉ légion.

» Ces trois exceptions se réduisent aux cris
» de trois individus éloignés les uns des au-
» tres, et de ces cris un seul a été intelligi-
» blement entendu.

» Il n'est que trop vrai que ce cri affligeant
» a rendu nécessaire l'arrestation de l'individu
» qui se l'était permis ; mais il est faux que
» cet individu ait mis de l'affectation à le
» proférer, et qu'il soit ensuite resté libre sur
» la ligne. Après avoir été désarmé, il en est
» sorti pour se rendre à la maison d'arrêt, sur
» sa parole, qu'il a scrupuleusement rem-
» plie.

» Il suit de là que s'il n'y avait légèreté de
» votre part, rien ne serait plus odieux que
» votre allégation, d'après laquelle des voci-
» férations très-nombreuses auraient paru

» éclater avec une violence particulière dans
» la 8e légion.

» J'ai souvent été d'accord avec vous en
» matière politique, et quelle que puisse être
» maintenant la différence de nos opinions,
» ce ne saurait être une raison pour faire re-
« tomber sur un corps tout entier les consé-
» quences de la manière de penser de son chef.

» Je le répète donc, s'il n'y avait pas er-
« reur, il y aurait insigne calomnie. Je la
» mépriserais dans tout ce qui me serait per-
» sonnel; mais je la repousse, et mes anciens
» camarades en font de même dans tout ce
» qui concerne l'honneur d'un corps dont le
» souvenir nous sera toujours cher. »

Cette lettre est signée par le comte de
Saint-Romain; Rieusse, lieutenant-colonel;
Harmand, chef de bataillon; et par MM. Darte,
Bichet, Gilet, Bureau, Bellan, Cauthion,
Grippon de Spollières, Rohard, Moreau, Le-
prieur de Blainvilliers fils, Hardi, Boeme,
Liénard, Vallienne, capitaines commandant
la 8e légion.

La *Quotidienne* a aussi parlé d'individus
qui couraient de rang en rang, donnant à tous

le mot d'ordre, et distribuant des billets sur lesquels étaient écrites les vociférations qu'ils voulaient faire répéter. S. A. R. le Dauphin s'était approchée d'un garde national qui tenait un de ces billets, se le fit remettre, et lut un avis inséré le matin dans le *Constitutionnel*, et dans lequel on engageait les gardes nationaux à ne crier que *vive le Roi*, pour qu'on ne pût donner à d'autres cris une interprétation fâcheuse. On pense bien que le prince ne trouva rien là de bien répréhensible.

Une seule scène, mais le Roi n'en pouvait être témoin, eut un caractère plus prononcé. Le duc de Reggio avait donné l'ordre a un officier de sa suite de se saisir d'un garde de la 2ᵉ légion. Et comme par erreur il en désignait un autre, celui-ci s'avança vers le duc, et lui dit : « Ce n'est point moi, M. le maréchal, » qui viens de crier *à bas les ministres!* Je le » ferais pourtant sans me croire coupable; » car les ministres sont responsables, et la » plainte est permise aux citoyens; comme » citoyen, j'aurais donc le droit de répéter : » *à bas les ministres!* et vous, vous n'auriez » pas celui de m'arrêter. » Après ces mots, le garde national rentra dans ses rangs, au milieu d'un murmure qui semblait celui de l'"approbation, et qui engagea le maréchal à ne point insister pour qu'il lui fût livré.

Mais quelques cris isolés que couvraient presque partout les acclamations d'une joie sans réserve, pouvaient-ils attrister le cœur du monarque, objet de tant d'hommages? Non sans doute; Charles X ne trouva guère dans tout le cours de sa revue que des visages rians et satisfaits; et l'on put voir que lui même n'était pas étranger au sentiment qui paraissait animer la population.

Après qu'il eut parcouru successivement toutes les lignes et reçu avec beaucoup de grâce un grand nombre de pétitions, les légions, formées en colonne, défilèrent devant le Roi; les colonels eurent ensuite l'honneur de lui être présentés; reçurent de sa bouche le témoignage de toute sa satisfaction sur la belle tenue et la discipline de la garde nationale de Paris.

CHAPITRE VI.

Rentrée du Roi aux Tuileries.

A cinq heures le Roi retourna aux Tuileries à travers les flots de peuple qui se pressaient pour le voir. « Jamais pareille multitude » réunie sur un même point n'avait été ani-» mée de transports plus vifs et plus unanimes. » Les quais, les ponts étaient couverts d'une » multitude de spectateurs, et tous les degrés » de la Chambre des Députés, disposés en » amphithéâtre et garnis de femmes de la pa-

» rure la plus élégante , offraient le coup
» d'œil le plus brillant.

» Le Roi est rentré aux Tuileries à cinq
» heures moins un quart, et les cris de *vive le*
» *Roi!* l'ont accompagné jusque dans la de-
» meure royale.

» Ainsi s'est passée cette solennité qui lais-
» sera de si profonds souvenirs, et qui a dé-
» joué tant de coupables espérances. Applau-
» dissons-nous de voir ainsi tous les partis se
» réunir autour de la royauté, qui, aujourd'hui
» encore comme toujours , aura été un gage de
» paix et d'union *. »

« Un étranger de distinction, frappé de ce
» spectacle, s'est écrié : *Charles X est l'heu-*
» *reux Roi d'un peuple grand et dévoué.* Durant
» ce trajet, S. M. a pu se convaincre à loisir de
» l'union de ses sujets, et ceux-ci ont dû être
» aussi touchés de l'aménité et de l'affabilité**
» du prince sous le règne duquel nous avons
» le bonheur de vivre.

» L'ordre le plus parfait a signalé cette bril-
» lante journée , dans laquelle on n'a pas eu à
» déplorer l'accident le plus léger. »

* *Étoile* du 29 avril au soir.
** *Journal de Paris*, du 30 au matin

Ainsi s'exprimaient les journaux du ministère sur la revue du 29 avril, et leurs rapports
se trouvent cette fois parfaitement d'accord
avec ceux des journaux indépendans. Charles X
était satisfait ; MM. de Villèle et Corbière auraient dû l'être. En rentrant au château, le Roi
dit aux maréchaux qui l'entouraient, que,
malgré quelques cris blâmables, il était con-
tent de cette belle journée. Le duc de Reggio
le pria alors de lui permettre de rédiger un
ordre du jour pour féliciter la garde nationale
sur les sentimens qu'elle avait fait éclater et
lui apprendre la satisfaction que S. M. avait
bien voulu en témoigner ; on dit même que,
sur l'ordre du Roi, trois décorations de la Lé-
gion-d'Honneur devaient être accordées le
lendemain à chaque légion de la garde nationale.

Le maréchal alla donc aussitôt écrire son
ordre du jour que le Roi voulait lire. Le maréchal l'apporta quelque temps après ; le Roi
l'approuva ; il devait être publié le lendemain,
mais bientôt d'autres avis prévalurent.

CHAPITRE VII.

Rapport de la police. — Conseil des ministres. — Le licenciment de la Garde nationale est décidé.

✻✦✻

Les efforts des ministres pour empêcher
que la revue n'eût lieu avaient été inutiles ;
ils prévoyaient que leurs démarches auprès
des chefs influens de la garde nationale, pour
empêcher toute espèce de cris sous les armes*,
ou du moins toute manifestation de sentimens

* On nous a nommé le colonel d'une légion près duquel
on avait essayé ces étranges insinuations. On lui avait dit
d'engager ses camarades à ne pousser aucun cri, sans doute
parce que le cri de *vive le Roi*, dans cette occasion , pouvait
paraître régicide

hostiles contre eux, ne seraient pas plus heureuses. Les soins même que prenaient certaines feuilles publiques, pour étouffer d'avance les clameurs qui devaient dénoncer au Roi les torts impardonnables des conseillers de sa couronne, présageaient assez avec quelle explosion terrible ces clameurs vengeresses pouvaient éclater. D'autres eussent sacrifié à la gloire du trône leur orgueil et leur ambition; mais aucun d'eux n'y put consentir.

Tandis que le Roi marchait au milieu du peuple, entouré de son amour et presque sans gardes; tandis que, contre l'ordinaire, tout semblait à peu près libre de gendarmes dans les avenues du Champ-de-Mars et dans la ville, les postes étaient renforcés autour des hôtels de nos Excellences en alarmes [*]. Ainsi elles semblaient se rendre la justice qui leur est due; elles supposaient qu'elles

[*] Un journal rapporte qu'un détachement de vétérans avait été posté au milieu des constructions de l'hôtel du quai d'Orsay; parfaitement masqué par une clôture en planches, il avait ordre de se tenir prêt à tout événement, et de ne pas se montrer. Tout alla bien au premier passage du cortége; mais au retour de S. M., le tambour, oubliant sa consigne, battit au champ Nous laissons à juger de la surprise et des éclats de rire.

seules, de leur propre mouvement ou par l'irrésistible impulsion de la faction qui les domine, avaient mérité les coups de la vindicte publique.

Cependant tous les agens de cette faction perturbatrice s'agitaient et cherchaient à profiter du moindre mouvement favorable à ses projets. Elle savait peut-être aussi comment le faire naître, comment le provoquer. En même temps, la police avait tous ses éclaireurs en campagne ; les rapports arrivaient chez leur chef ; il les méditait profondément ; il fallait qu'il y trouvât la mesure propre à lui mériter les applaudissemens de ceux par lesquels il était devenu tout-puissant, et qu'il justifiât ainsi la confiance que, dès long-temps, ils avaient mise en lui.

Cet homme dans lequel les jésuites découvrirent de bonne heure des dispositions naturelles, et un esprit qu'ils pouvaient conduire à leur guise, avait été dès le temps de l'Empire, chargé par eux de leur correspondance avec Rome et la Pologne. Il était fils d'un facteur de la poste aux lettres de Lyon. C'est à lui qu'étaient adressés toutes les lettres et paquets de la congrégation ; c'est lui qui les envoyait à leur destination. Napoléon, qui en fut informé, l'envoya en prison.

Il était depuis quatre ans renfermé à Sainte-Pélagie comme prisonnier d'Etat, quand la restauration vint le rendre à la liberté. On lui donna d'abord un emploi secondaire à l'administration des postes, et y devint bientôt chef de division; ce fut lui qui fonda ce bureau, dont la création et l'utilité occulte lui méritèrent plus tard la place éminente à laquelle on l'éleva.

Mais ce n'était pas assez pour ceux qui voulaient, dans le dépositaire de leurs secrets, dans l'agent le plus actif de leurs projets, une situation indépendante de toute inquisition contraire à leur vue. L'homme des jésuites, obtint donc bientôt un hôtel séparé du ministère de l'intérieur, des bureaux particuliers et des gendarmes : on connaît l'usage qu'il sait faire de ces derniers; et la manière dont il jette ses voisins dans les cachots, ne sera probablement oubliée dans la rue de Grenelle, que lorsque l'impérieux directeur en sera sorti.

Du reste, son esprit et ses talens reposent dans la tête des jésuites : c'est un instrument, mais un instrument dont le dévouement sans bornes ne connaît aucune considération, aucune puissance capable de l'arrêter. Voilà l'homme par qui, dans ce jour, on devait tout voir et tout juger.

La garde nationale a sauvé deux fois Paris des fureurs de l'étranger; c'est à son attitude imposante que notre orgueil doit de voir encore debout et nos colonnades triomphales, et tous les monumens de notre gloire. Au retour de Napoléon de l'île d'Elbe, quand tout désespérait de la monarchie, c'est à cette armée citoyenne que le Roi et les Chambres confièrent le dépôt sacré de la Charte et la défense du trône. Quand il était trahi par tous les siens, abandonné de tout le monde, obligé de fuir de Lyon sans serviteurs, sans guide et sans appui, un garde national se présenta seul pour accompagner Charles X, et faire escorte à ses côtés. Alors, et en voyant depuis son constant dévouement, son entière fidélité, qui n'eût cru que la garde nationale n'avait à attendre de la France et de son Roi que d'éternelles actions de grâces ?

Quoique déjà vingt fois épurée par un parti qui met sans cesse les intérêts du Roi et de la

France en oubli ; quoique ne représentant plus que le simulacre de ce qu'elle avait été à son origine , cette garde renfermait encore dans son sein trop d'hommes dont il fallait se méfier : aujourd'hui cette force armée, qui conservait l'indépendance des citoyens et se ressouvenait des droits écrits dans la Chorte qu'elle a été appelée à protéger, était un obstacle que les amis des jésuites ne devaient pas perdre l'heureuse occasion de renverser.

Le ministère lui eût peut-être pardonné les cris de *vive le Roi!* Peut-être, en cet instant, n'eût-t-il pas voulu venger lui-même le cri qui l'attaquait mais plusieurs légions, en revenant du Champ-de-Mars, étaient passées sous les fenêtres de M. de Villèle. Dans la rue de Rivoli, elles n'étaient plus en présence du Roi, le respect ne comprimait plus l'élant de leurs pensées; ces mots *à bas les ministres! à bas les jésuites!* qui n'avaient été prononcés au Champ-de-Mars qu'à de rares intervalles, avaient alors éclaté avec force; un grand nombre de spectateurs insolens les avaient répétés, et les voûtes en étaient encore ébranlées *. M. de

* Faisons encore l'office du *Moniteur*, et transcrivons ici

Villèle avait en vain fermé ses fenêtres et barricadé ses portes, il ne pouvait nier les avoir entendus. Il pouvait ne pas en demander vengeance; mais le nom des jésuites avait été également insulté, et ce n'était pas un outrage que M. Franchet voulût ou osàt pardonner. M. de Corbière, ministre de l'intérieur, reçut donc aussitôt un réquisitoire, en forme de rapport, qui concluait à ce que, si l'on sa-

le passage d'une lettre de plusieurs gardes nationaux de la 3ᵉ légion, qui a été publiée.

« Cette 3ᵉ légion, dont les rangs s'étaient déjà considérablement éclaircis par le départ d'un grand nombre de gardes nationaux, qui, attendu la fatigue de la journée, avaient demandé à rentrer par le chemin le plus court, revenait par la place Louis XVI, et se proposait de prendre les boulevards. Mais, instruite que la 2ᵉ légion s'était déjà formée en bataille près de la Madelaine, elle a dû suivre la rue de Rivoli, route qu'on avait prise le matin dans le meilleur ordre et avec le calme qui doit être inhérent à tout corps armé.

» Des groupes formés sur la place Louis XVI ont marché par les deux côtés des colonnes, et arrivés sous le balcon du ministère ont crié : *à bas V......!* Ce cri malheureusement a été répété par quelques hommes et couvert si vite de celui de *vive le Roi!* qu'à la tête de la colonne on ne s'est presqu'aperçu de rien. Voilà ce qui s'est passé au sujet de la 3ᵉ légion et de celles qui l'ont suivie. Il est déplorable que les légions aient rencontré quelques hommes turbulens qui ne leur appartenaient point et que le fâcheux exemple de ces derniers ait pu faire croire que quelques gardes nationaux se soient associés à la conduite qu'ils tenaient. »

crifiait l'honneur du ministère, l'honneur dés jésuites fût du moins vengé. Un conseil préparatoire fut aussitôt assemblé chez M. de Corbière ; toutes les notes authentiques que le *Moniteur* n'a [pu retrouver y étaient déjà déposées. M. de Villèle venait de dîner *en Autriche*, c'est-à-dire chez M. d'Appony ; ces cris *à bas Villèle!* résonnaient encore à son oreille. Ceux de *vive la liberté de la presse!* avaient retenti du Champ-de-Mars à l'hôtel de M. de Peyronnet; et cette indépendance de soldats, que M. de Clermont-Tonnerre ne pouvait rendre justiciables de son Code militaire, le disposait également à la grande mesure qu'on allait adopter.

Cependant les rapports les plus étranges affluaient au château. Déjà les esprits y étaient diversement prévenus. Pendant la revue, et partout, sur la route, le Roi n'avait presque entendu que des acclamations qui devaient réjouir son cœur : comme l'expression d'autres sentimens ne s'était manifestée que lorsqu'il était passé, il en résultait que sa suite, et parmi elle les augustes princesses qui le suivaient, avaient beaucoup moins entendu les cris de *vive le Roi!* et beaucoup plus celui de *à bas les Ministres! à bas les jésuites!* * Mais Charles X venait de le dire au duc de Reggio ; il ne voulait se rappeler que les acclamations qui l'avaient charmé, et non celles qu'il fallait blâmer. En cet instant, M. de Villèle se présenta devant lui, et, le trouvant toujours dans ces dispositions généreuses, il déclara, dit-on, que lui, Villèle, président d'un conseil qui avait été ignominieusement outragé durant tout un jour, il ne lui était plus possible de garder le porte-feuille qu'il tenait des bontés de S. M., et qu'en conséquence il la suppliait d'accepter sa démission, à moins que, par un exemple imposant, par un licenciement général de la garde nationale ordonné par le roi, l'honneur de son ministère ne fût vengé.

---

* Dans la séance qui a eu lieu aujourd'hui 9 mai, à la Chambre des Députés, M. Agier, colonel d'une légion de la garde nationale, en défendant ce corps avec autant d'éloquence que de courage contre les attaques du ministère, a dit : « J'espère qu'on ne confondra pas la garde nationale » avec ce peloton, ou pour dire plus vrai, avec ctete bande » de misérables que rien ne semblait arrêter et qui trou- » vaient toujours, on ne sait comment, le moyen d'être » près de la voiture d'augustes princesses. »

Ce fait, qui est un documens de plus pour l'histoire de la revue du 29 avril, pourrait peut-être expliquer la part que la faction jésuitique et ses agens ont droit de réclamer dans l'issue des événemens de cette journée.

Le Roi céda, dit-on, à cette résolution, qui n'était sans doute qu'habilement affectée. Pour conserver dans ce moment imprévu, et à la veille de la discussion du budget, son ministre des finances, il consentit à ce que la mesure proposée fut examinée en un conseil immédiat, et s'en rapporta à la décision des membres qui allaient y assister. *

Cette mesure était grave ; il s'agissait de frapper en masse toute la garde nationale, toute la population parisienne ; elles étaient complices, car elles avaient confondu leurs sentimens d'amour pour le Roi, de haine et d'aversion pour les ministres. A l'idée d'un pareil coup d'État, M. de Chabrol avait re-

---

* Chambre des Députés, séance du 9 mai. M. de Villèle répondant à M. Agier, a dit .

« Quand on veut induire de ces paroles la provocation de » cet acte (celui du licenciement), n'outre-t-on pas la chose? » et ne l'outre-t-on pas sous un rapport, *sur lequel il ne m'est pas permis de m'expliquer!* il en sera ce que l'ora- » teur voudra ; mais c'est comme conseiller de la couronne » que je me suis honoré d'avoir conseillé la mesure qui a été » prise, *sans pourtant l'avoir provoquée.* » (*Moniteur* du 9 mai.)

Ainsi M. de Villèle tremble devant la responsabilité de ses propres actes ; il en fait venir la justification DE SI HAUT, qu'on ne sait ce qui doit le plus étonner de sa perfidie ou de sa faiblesse.

culé d'épouvante ; il essaya de ramener ses collègues à des sentimens moins colériques et surtout moins dangereux. M. le duc de Doudeauville ne s'éleva pas avec moins de force contre le coup qu'on méditait, il protesta contre les calomnies à l'aide desquelles on allait suspendre la religion du monarque, et déclara, qu'il abandonnerait le ministère si l'on exécutait un pareil projet. On dit, et nous voulons le croire, que M. l'évêque d'Hermopolis réunit ses efforts à ceux de ses deux honorables amis. On avait d'abord voulu charger M. le maréchal commandant en chef, d'ordonner une simple enquête pour rechercher les coupables ; on avait ensuite proposé de ne licencier que deux légions. Mais M. de Corbière toujours prêt à procéder par voie de douceur, insistait pour la dissolution complette. M. de Villèle la soutint avec toute l'énergie d'un cœur offensé, et M. de Clermont-Tonnerre combattit pour elle avec la fureur d'un paladin qui veut mourir ou triompher. Enfin le réquisitoire de M. Franchet l'emporta.

La majorité du conseil se rendit aussitôt chez le Roi, pour lui apprendre le résultat de la délibération. Le Roi signa l'ordonnance présentée par M. de Corbière.

Le duc de Doudeauville, annonça qu'il se retirait du ministère. M. de Chabrol témoigna l'intention d'imiter son exemple. M. le Dauphin n'avait pas siégé à ce conseil, quoique M. de Vilelle eût demandé sa présence. Le prince n'apprit que le lendemain ce qui s'y était passé.

CHAPITRE VIII.

Licenciement de la Garde Nationale. — Étonnement de la capitale. — Indignation publique.

L'ordonnance royale ne fut pas plutôt entre les mains de M. de Corbière, qu'il l'envoya au *Moniteur*. Il était minuit : le *Moniteur*, comme les autres journaux ministériels, contenait déjà un long article d'admiration et de félicitations sur tout ce qui s'était passé dans la journée ; il fallut mettre l'article de côté, et comme les deux lignes contre-signées *Corbière* ne suffisaient pas pour le remplacer, on fut obligé de retrancher la moitié du journal, qui ne fut composé ce jour-là que d'une demi-feuille : mais cette demi-feuille allait en dire assez. En tête, sous le titre de *Partie Officielle* on lisait :

« Charles, par la grâce de Dieu, etc.

» Sur le rapport de notre ministre secré-» taire-d'État au département de l'intérieur ,

» Avons ordonné, etc. :

» Art. 1er. La garde nationale de Paris est, » licenciée.

» 2. Notre ministre secrétaire d'État au » département de l'intérieur est chargé de » l'exécution de la présente ordonnance.

» Donné en notre château des Tuileries, le » vingt-neuvième jour du mois d'avril, etc. »

Chargé de l'exécution de l'ordonnance rendue sur son rapport, M. de Corbière procéda à l'instant même à l'accomplissement d'un devoir si doux pour son cœur. M. le duc de Reggio, qui avait insisté pour que la revue du 29 eût lieu, était complice d'un crime dont on ne pouvait trop hâter la vengeance. M. de Corbière n'aurait pu goûter cette nuit un instant de repos, s'il eût pensé que le sommeil de l'illustre maréchal fût plus long-temps tranquille. A une heure du matin, le duc de Reggio fut donc réveillé. Une lettre écrite de cette main qui annonça au duc de Larochefoucauld-Liancourt qu'il était destitué des nobles fonctions confiées à sa bienfaisance, et dont le style rappelait le billet de M. de Villèle au vicomte de Chateaubriand, quand M. le président lui signifia son expulsion du ministère, apprit au maréchal que lui et la garde dont il était le chef venaient d'être licenciés. A cette nouvelle, le duc crut rêver; mais pendant qu'il relisait la lettre de M. de Corbière, M. de Clermont-Tonnerre qui n'était pas moins pressé de jouir que son heureux collègue, lui envoya, par le lieutenant-général Coutard, le texte même de la fameuse ordonnance. Le duc, qui ne s'attendait pas à la première missive, trouva la seconde au moins superflue : cependant on lui demandait ses ordres pour retirer aux hommes qu'il commandait les postes qui leur étaient confiés. Il les donna.

A sept heures du matin, les Tuileries, l'Hôtel de l'État-major et l'Hôtel-de-Ville de Paris étaient délivrés de la présence des gardes nationaux parisiens. A huit heures, il ne restait de la garde nationale que le profond étonnement où la nouvelle de son licenciement jeta la capitale et la France entière *.

* La lettre suivante établira l'exactitude des faits que nous venons de raconter ; elle fut adressée par le lieutenant-général Coutard, commandant la 1ʳᵉ division militaire, à deux journaux qu'il accusait de dénaturer la vérité.

Paris, le 2 mai 1827.

Monsieur le Rédacteur,

« Il est faux que j'aie été *signifier* à S. E. le maréchal duc de Reggio la nouvelle du licenciement de la garde nationale de Paris. cette nouvelle lui avait été donnée par S. Exc. le ministre de l'intérieur dont M. le maréchal lisait la lettre quand je suis entrée dans sa chambre à deux heures du matin. J'y étais allé avec une lettre de S. Exc. le ministre de la guerre et prendre les ordres de M. le maréchal sur la manière de relever les postes.

» Il est faux que les postes aient été relevés la nuit. M. le maréchal avait fixé l'heure de six heures du matin, et le poste des Tuileries et celui de l'Hôtel-de-Ville ne l'ont été qu'à sept.

» Il est faux que les sentinelles aient été relevées brutalement.

» Il n'est pas vrai que les postes des autres quartiers de la capitale, aient été relevés à quatre heures du matin, par la raison bien simple que la garde nationale, n'en occupait aucun.

» Il n'est pas vrai que le poste de M. le maréchal ait été relevée par la gendarmerie ; M. le maréchal, qui *n'est pas parti pour Jandeure*, loge militairement aux Tuileries, comme major-général de service, et son poste est occupé par la garde royale.

Il est faux que M. le maréchal duc de Reggio m'ait *signifié*

Paris venait d'être témoin de la revue du Champ-de-Mars. Le rapport des journaux était unanime sur l'ordre admirable qui y avait régné, et tous parlaient de la satisfaction que le Roi avait éprouvée. Que s'était-il donc passé durant la nuit? Quelles légions, quels conjurés s'étaient réveillés en armes pour commettre un attentat encore inconnu? L'ordonnance du *Moniteur* bouleversait toutes les idées : c'était une énigme que personne ne pouvait comprendre.

Enfin quelques personnes se rappelèrent avoir distingué, çà et là, au milieu des cris de *vive le Roi!* ceux de *vive la Charte! vive la liberté de la presse!* De bons patriotes, d'excellens royalistes, confessèrent n'avoir pu

avec une énergie tout à fait militaire, qu'il n'avait que faire de la lettre du ministre que je lui portais, puisque déjà l'ordonnance lui avait été envoyée. Jamais, depuis vingt-sept ans que j'ai l'honneur d'être connu et de servir sous les ordres de M. le maréchal duc de Reggio, jamais je n'en ai reçu que des paroles de confiance et d'amitié, en échange des preuves de respect et de subordination que je lui dois et qu'il m'a toujours été si agréable de lui donner.

Voilà, M. le rédacteur, la vérité sur ce qui m'est personnel, et j'ai l'honneur de vous prier, et au besoin de requérir l'insertion de cette lettre dans votre plus prochain numéro.

J'ai l'honneur, etc.

s'empêcher eux-mêmes d'élever une voix suppliante pour demander le renvoi des ministres. D'autres assurèrent qu'on avait aussi parlé de l'*exécution des lois du royaume* et prononcé le mot de *jésuites*. A ce mot on songea à la puissance de l'Ordre qu'on avait attaqué, on devina les rapports du grand directeur, et l'on expliqua l'énigme.

Nous savons, dit alors un journal *, que des cris *à bas les ministres! à bas les jésuites!*** ont été proférés à quelques reprises pendant la revue et lorsque les légions défilaient; mais les habitans de Paris n'ont attribué qu'un but à la revue ordonnée dans les circonstances présentes. Ils ont cru que S. M. voulait à la fois recevoir leurs remercîmens pour un bienfait récent et s'éclairer sur leurs vœux. Les ministres n'ont pu penser qu'on interpréteraient autrement le but de cette solennité.

---

* Le *Courrier Français.*

** En Angleterre, dit M. de Chateaubriand, non-seulement on crie *à bas les ministres !* mais on casse leurs vitres; ils les font tranquillement remettre : le Roi n'est pour rien dans tout cela, pas plus qu'en France le Roi n'entre pour quelque chose dans les inimitiés soulevées par les dépositaires de son pouvoir. (*Opinion de M. de Chateaubriand sur la Presse.*)

Les remercîmens ont éclaté avec enthousiasme ; les vœux se sont fait entendre avec plus de réserve et toujours mêlés aux accens de la reconnaissance. Il n'y avait rien là qu'on eût dû prévoir. Les ministres ont excité l'animadversion de la capitale, comme celle de toute la France. La garde nationale qui représentait la population parisienne, partageait ce sentiment aujourd'hui plus unanime que jamais ; s'il a éclaté sur quelque point, au lieu d'en vouloir à ceux qui le manifestaient, il faudrait plutôt savoir gré à ceux qui, l'ont renfermé en eux-mêmes. D'ailleurs, c'était bien plus les spectateurs que les gardes nationaux qui se prononçaient contre les ministres et les jésuites ; c'est donc contre les spectateurs qu'il faudrait sévir ; mais M de Corbière n'a pas encore imaginé de licencier les populations.

Mais que dites-vous ? il n'est rien que de tels hommes ne puissent imaginer *. En destituant la garde nationale de Paris, on a destitué Paris lui-même ; en licenciant un corps auquel une loi confie le dépôt de la

____

* *Constitutionnel*, du 6 mai.

Charte, on a presque licencié la Charte, et la Charte, c'est la France! Voilà ce qu'ont fait les ministres qui pèsent sur cette France : c'est là le degré incroyable d'audace où ils sont parvenus. Sept hommes ont mis en suspicion un peuple entier : l'ouvrage de quarante années, une sublime institution, d'immortels souvenirs ont été sacrifiés au misérable orgueil de sept médiocrités colériques, dont l'ancienne monarchie n'aurait pas voulu faire des commis, que la révolution aurait laissés dans la poussière d'un club, et dont la Restauration trompée a fait des ministres.

Et ce langage emprunté à des journaux qui ne font qu'exprimer l'opinion publique, est encore aujourd'hui celui qui sort de toutes les bouches.

Voulez-vous d'autres témoignages de l'unanimité de cette opinion que le ministère consent à braver? Une ville *, l'une des plus importantes, des plus peuplées du royaume, doit

---

* Le collège électoral de Rouen, assemblé pour donner un successeur à M. de Girardin, se composait de 1150 électeurs. M. Bignon a obtenu 800 voix; M. Duvergier de Hauranne, candidat également indépendant, 180. Vingt cinq à trente voix ont été perdues

confier à un député le soin de défendre les intérêts et les institutions du pays ; va-t-elle choisir un homme à qui l'on pourrait supposer des idées et des vues conformes à celles du ministère ? Non : parmi près de onze cents électeurs, cet homme n'aurait pas pu trouver une seule voix ; il n'a pas même osé la demander.

Dans les salons, dans les promenades, dans tous les lieux publics, une même indignation semblent animer tous les cœurs. Partout où vingt Français sont rassemblés, on entend la manifestation des sentimens que tant de mesures alarmantes doivent exciter. En vain le ministre de la guerre appelle des troupes sur Paris, et semble vouloir mettre l'opinion en état de siége ; l'opinion brave les baïonnettes, et se montre partout plaintive, irrité, indépendante ; elle ne connaît que les lois qui puissent lui en imposer. Au théâtre, toutes les allusions sont saisies ; qu'un mot présage la chute prochaine du triumvirat ministériel, l'expulsion d'une société odieuse, anti-française, les voûtes des salles vont retentir de bravos et d'applaudissemens ; au Théâtre-

Français *, qu'un personnage de *Tom-Jones*
prononce ces vers :

> Adieu; je vais chercher à percer le mystère
> D'un projet qu'avec soin cache le ministère,
> Et qui, si j'en dois croire un certain pronostic,
> Ne s'accorde pas trop avec le bien public.

qu'un autre personnage dise dans la même
pièce :

> Point de grâce !
> A la session prochaine il faudra qu'il y passe

on aura besoin de la présence d'un commis-
saire de police, et de la soumission impé-
rieuse aux règlemens établis pour empêcher
l'assemblée tout entière de faire répéter
vingt fois ces vers qui s'emblent prophétiques.

* Représentation du 1ᵉʳ mai

CHAPITRE IX.

M. Doudeauville se retire du ministère. — Embarras de M. de Villèle pour le remplacer. — M. de Polignac. — Position actuelle du ministère devant l'acte d'accusation projeté par la Chambre des Députés.

Le ministère, étonné de sa propre audace, parut reculer devant lui-même; et, après avoir licencié la garde nationale, il parla de la reconstituer : ce n'est que pour la délivrer de quelques factieux et l'épurer plus facilement, faisait-il dire*, qu'on l'avait désorganisée tout entière? On fit part de ce projet au duc de Reggio, qui repoussa avec indignation toute participation à cette nouvelle mesure.

* Voyez la *Gazette de France* du 1ᵉʳ mai.

Cependant, malgré toutes les instances qu'on avait faites auprès de lui, M. de Doudeauville venait d'adresser sa démission au Roi ; le soir, il en reçut l'acceptation positive, qui jusque-là avait été différée. La retraite de l'ami le plus sincère du Prince, du ministre le plus dévoué à la monarchie, était un coup sanglant porté à l'honneur de ses collègues : dans quels abîmes voulaient-ils donc se jeter, puisqu'un Larochefoucauld les repoussait à jamais, et déclarait, par l'entier abandon de leur système, qu'un sujet éclairé et fidèle ne pouvait plus marcher avec eux. La France entière applaudit a cette démarche généreuse et loyale d'un serviteur qui, lui seul, a donné plus de gage de dévouement au trône que les six hommes dont l'ambition aux abois jette un nouveau brandon de discorde au sein de la nation. Le duc de Doudeauville, abjurait ainsi pour jamais toute participation aux manœuvres perfides d'un ordre reprouvé, d'une faction perturbatrice, dont sa piété sincère, son esprit vraiment religieux ne pouvait méconnaître plus long-temps les trames criminelles, les projets insensés *. Avant son départ de l'hôtel

---

* Il s'est lié avec un parti qui, sous le masque de la reli-

du ministère, qu'il quitta dans la journée, il fit
de touchans adieux à ses employés. En s'é-
loignant, il vit les larmes dans tous les yeux,
et les regrets que son administration équitable
et paternelle excitèrent furent bientôt partagés
par cette foule de gens de lettres et d'artistes
dont il s'était toujours montré le protecteur
éclairé, et dont la reconnaissance rendra témoignage de ses vertus devant la postérité.

gion, a semé partout la défiance et marché vers l'affranchis-
chissement de tous ses pouvoirs........

» Long-temps la France a refusé de croire aux envahisse-
mens de ce parti qui se cache sous les idées religieuses; aujourd'hui cette crainte règne de toutes parts. Cette crainte
vient de la marche du ministère. De fausses mesures et la
déplorable tentative contre la presse ont prouvé que le ministre était entré dans une voie inconstitutionnelle, et que
la France avait à craindre la domination la plus antipathi-
que avec ses mœurs, la domination ecclésiastique......

» Beaucoup de royalistes refusent de croire au danger de
l'aristocratie factice qui vous menace· Comme eux j'ai douté
long-temps, j'ai long-temps été avant de reconnaître le parti
ecclésiastique. L'évidence a triomphé de ma longue résis-
tance : ce parti existe. Il a pour but la destruction succes-
sive de toutes nos libertés. Le projet de loi de la presse a
achevé de me convaincre que le ministère s'appuie imprudemment sur ce parti qui n'a aucun point de contact avec
la nation, qui menace toutes les franchises nationales. (Ex-
trait du discours prononcé à la Chambre des Députés par
M. Gautier, dans la séance du 9 mai 1827, dix jours
après le licenciment de la garde nationale.)

M. de Chabrol, ministre de la marine, et
son frère, préfet de la Seine, furent, dit-on,
sur le point de donner leur démission. On
assura aussi que M. Sosthènes de Larochefoucauld, fils de M. de Doudeauville, chargé
sous lui du département des Beaux-Arts, et
colonel de la 5ᵉ légion de la garde nationale
licenciée, avait été celui des chefs de cette
garde qui s'était prononcé avec le plus d'é-
nergie contre une mesure que les personnes
de tous les rangs, de toutes les classes, de
toutes les nuances d'opinions, condamnaient
également comme imprudente et funeste. Il
avait cité l'exemple de son père, en le pré-
sentant comme un modèle de conduite pour
tout homme d'honneur; mais il paraît que des
considérations plus puissantes que sa volonté
ne lui permirent pas de le suivre. M. le vicomte de Larochefoucauld conserva la direction des Beaux-Arts, et une ordonnance du
Roi, du 2 mai, confia par intérim, à M. de
la Bouillerie, intendant du trésor de la Couronne, le portefeuille de ministre de la Maison du Roi.

Mais ce portefeuille, il fallait se décider à
le remettre en des mains qui pussent le con-

server. Quoique M. de Chabrol se fût décidé à
rester à son poste, M. de Villèle ne se trouvait
pas moins embarrassé pour remplacer le duc
de Doudeauville. En se donnant un nouveau
collègue , le président du conseil craignait de
rencontrer un homme qu'il ne pût diriger à
son gré, et l'on sait que M. de Villèle veut
régner en sultan au milieu des autres ministres.

Il songea d'abord à transporter M. de Damas, des affaires étrangères à la Maison du
Roi; mais, qui placer alors aux affaires étrangères? d'ailleurs ces arrangemens pouvaient
ne pas convenir à M. de Damas , et ce n'é-
tait pas l'instant de le mécontenter. Diverses
ouvertures furent faites auprès des membres
de la Chambre haute, mais tous refusèrent un
poste dans lequel l'honneur n'avait pas permis
à un Larochefoucauld de se maintenir. M. de
Vitrolles se serait montré moins scrupuleux,
mais M. de Vitrolles n'était pas un homme
facile à manier; ses opinions d'ailleurs étaient
beaucoup trop franches*, il fallait des gens qui

* On peut juger des opinions de M. de Vitrolles par le
mot qui lui est échappé en apprenant le licenciement de la
g rde nationale « Voilà, s'est-il écrié, le premier pas que

sussent mieux dissimuler. M. de Villèle aurait bien voulu qu'un simple intendant-général, qui n'eût occupé qu'un emploi secondaire, qui n'eût pas eu de voix au conseil, le délivrât de ses craintes; mais un choix qu'il repoussait lui était, dit-on, imposé; un courrier envoyé à Londres allait offrir à M. de Polignac le porte-feuille abandonné. Ce bruit que les amis du Duc répandaient à l'envi, n'avait point encore de fondement, mais chacun en est encore aujourd'hui préoccupé.

Le caractère de M. de Polignac serait moins rassurant pour le président du conseil, que celui de M. de Vitrolles; et son omnipotence se verrait directement menacée. Fils de cette duchesse de Polignac, célèbre par l'attachement que lui avait voué la reine Antoinette, et qui justifia les sentimens qu'elle avait inspirés à cette princesse en mourant de douleur lorsqu'elle apprit sa fin tragique, M. de Polignac a hérité, dit-on, auprès de Charles X, de la faveur que sa mère obtint autrefois auprès de la royale famille. Aucun sujet n'a d'ailleurs

» le Roi ait fait vers le trône. » Ainsi le prince, qui date ses ordonnances de la troisième année, n'aurait donc pas encor régné.

donné à la Maison de Bourbons des preuves
d'un plus constant amour, d'un dévouement
plus intrépide ; aucun n'a mieux mérité d'a-
vance la confiance sans réserve qu'on lui pourrait accorder. Officier de hussard au commen-
cement de la révolution, il se montra dès-lors
l'un des adversaires les plus exaltés des réfor-
mes qui se préparaient; mêlé à toutes les
scènes tumultueuses qui en étaient le prélude,
il fallut deux fois la présence d'esprit et le
courage du jeune comte de Sombreuil pour
l'arracher aux dangers qu'il affrontait. Forcé
de fuir de la France, il fit les campagnes des
princes, à la tête d'un régiment qui portait
son nom, et se rendit plus tard auprès du comte
d'Artois, à la personne duquel il était dès-lors
particulièrement attaché.

Une conspiration qui pouvait changer les
destinées de la France et du Monde, se préparait dans l'ombre, Georges Cadoudal était
à sa tête. M. de Rivière s'était rendu à Paris,
pour en seconder l'effet. M. de Polignac
s'y trouvait avec lui et leur prêtait son appui.
Les conjurés furent découverts par celui qu'ils
devaient frapper et, comme Georges Cadoudal, MM. de Polignac et de Rivière se virent

condamnés à subir la mort. Les instances et les sollicitations de Murat avaient sauvé un conjuré, qui ne s'en souvint peut-être pas assez plus tard. Les supplications courageuses et touchantes de sa jeune épouse, auxquelles vinrent s'unir celles de Joséphine, détournèrent le coup qui était prêt à frapper M. de Polignac. Mais il fut condamné à rester dans les fers, jusqu'à ce que la paix générale eût assuré le repos de la France; alors seulement il devait recouvrer sa liberté. Tour-à-tour transféré du château de Ham au Temple et à Vincennes, il se trouvait en 1812, avec son frère, également prisonnier, dans une maison de santé, où il fit connaissance avec le général Mallet. On peut présumer qu'il eût le secret du complot que celui-ci se disposait à faire éclater; on en connaît l'issue; mais la mort de Mallet ne put détruire les dernières espérances de M. de Polignac. Sa correspondance avec les princes n'en fut pas moins active, et lorsqu'en 1814, il trouva moyen de s'échapper, il courut aussitôt à Vesoul, où il savait que le comte d'Artois venait d'arriver à la suite des armées alliées.

Chargé des pouvoirs du Prince, il pré-

céda les souverains étrangers dans la capitale, et fut le premier à y faire arborer le
drapeau blanc et à y rallier les amis secrets de
la famille des Bourbons.

Depuis la Restauration, M. de Polignac,
appelé à la Chambre des Députés, y vota
avec la majorité de 1815, entra à la Chambre
des Pairs, après la mort de son père, et
fut, en 1823, sur la proposition de M. de
Châteanbriand, alors ministre des affaires
étrangères, nommé à l'ambassade d'Angleterre. La manière dont il a jusqu'ici dirigé
la politique de la France, sa constante
opposition au système que M. Canning vient
de faire triompher, non moins que les traits
de sa vie que nous venons de retracer, tout
indique assez l'énergie de son caractère, la
fermeté de ses opinions; et son entrée dans le
conseil du Roi ne pourrait qu'être un événement d'une haute importance, puisqu'elle don-
nerait une impulsion nouvelle, au ministère,
hâterait sa chute et servirait à nous retirer enfin de l'abîme où l'on aurait voulu nous
plonger.

Mais; que parlons-nous de la chute éloignée
du ministère? demain, peut-être, il sera

tombé. Ces cris qui s'élèvent contre ses actes, de toutes les parties de la France, cette réprobation universelle, qui gronde autour de lui, qui menace sa tête, a déjà trouvé des organes éloquens, des interprètes courageux ; et, pendant que le cri de la patrie en alarmes monte jusqu'au Monarque, sur le cœur duquel le peuple peut compter, déjà le ministère est sommé de rendre compte de son impardonnable conduite, de ses attaques réitérées contre la Charte du royaume, contre la tranquillité du pays et la sûreté du trône. Un intrépide député, qu'on en défiait, a demandé quatre voix pour appuyer l'acte d'accusation qu'il est prêt à signer ; vingt se sont offertes ; celles de trente millions de Français leur sont assurées.